(Conserver la couverture)

LES PRUSSIENS EN BOURGOGNE

UN HOMME

BRULÉ VIF

ÉPISODE DU CHATEAU DE POUILLY

Près Dijon

PAR CHARLES PERCHET

Capitaine de la 6e compagnie du 1er bataillon des volontaires de la Côte-d'Or,

Ancien Commissaire de Police de la ville de Dijon.

Prix : 40 centimes.

DIJON

IMPRIMERIE G. DEMEURAT, RUE BOSSUET, 15.

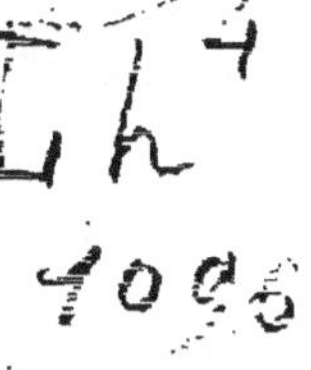

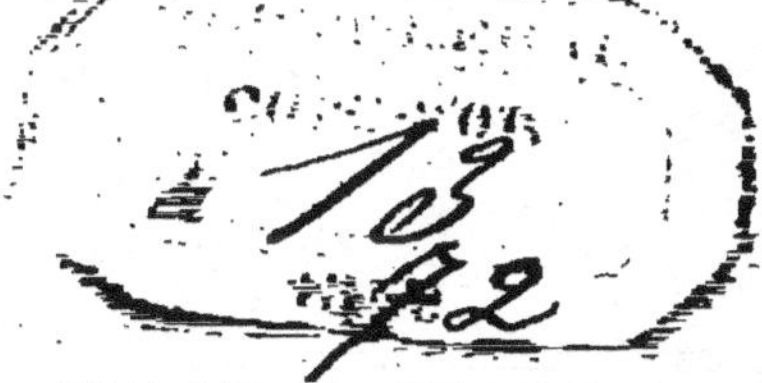

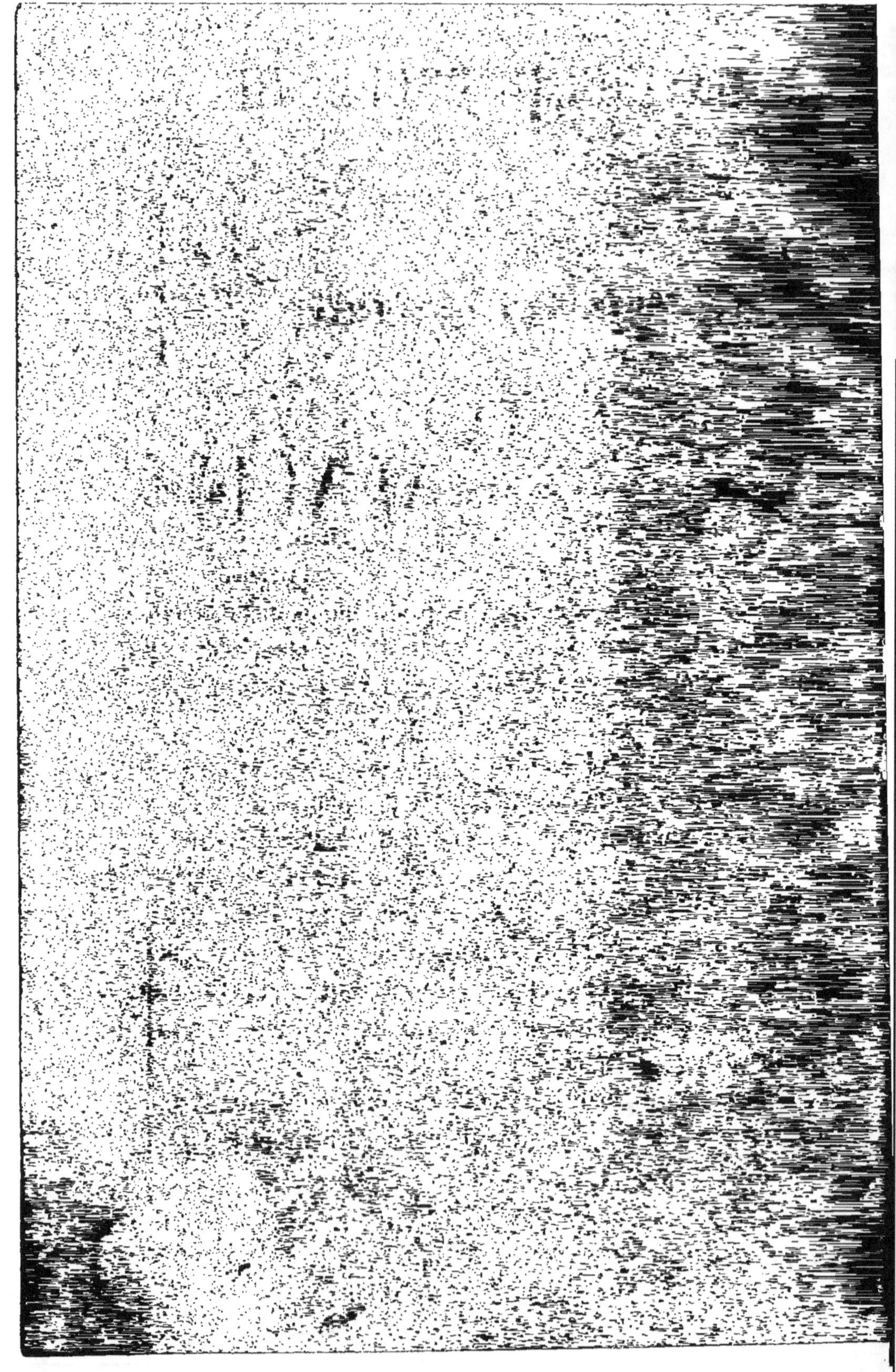

UN HOMME BRULÉ VIF.

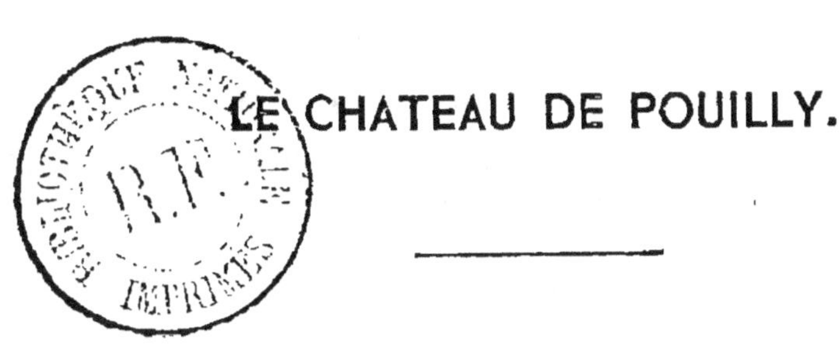

LE CHATEAU DE POUILLY.

Le château de Pouilly était, avant le mois de janvier 1870, une belle et vaste propriété avec ferme, parc, prés et terres labourables ; il appartenait et appartient encore à Monsieur Roydet, riche propriétaire, pris comme otage et emmené en Allemagne avec plusieurs notabilités, par les soldats de monsieur Von Werder, quelques semaines après leur entrée à Dijon effectuée le 1er Novembre.

Le 30 Octobre, un combat terrible, acharné, avait eu lieu entre quelques gardes nationaux, les volontaires de la Côte-d'Or, le 6e bataillon de chasseurs à pied, un bataillon du 71e, un autre du 90e, et l'armée Badoise forte de 25,000 hommes.

La bataille dura la journée entière, et les 1,800 Français qui défendaient la ville firent éprouver tant de pertes à l'ennemi, que celui-ci, furieux, ouvrit contre la petite cité Bourguignonne, dépourvue de bastions et d'artillerie, un bombardement formidable.

L'incendie fut bientôt allumé sur différents points des faubourgs, mais il ne fit que redoubler l'ardeur et la fureur des Dijonnais.

L'ennemi avançait toujours mais lentement ; le terrain lui était disputé pied à pied, des barricades furent construites aux portes et les femmes et les enfants vinrent les défendre.

A la nuit, les Badois abandonnèrent le champ de bataille, et se retirèrent sur les hauteurs de Montmuzard ainsi qu'à St-Apollinaire, surpris qu'une poignée d'hommes mal armés, sans commandement, guidés et soutenus par leur seul patriotisme, leur eut, pendant 12 heures, non seulement disputé la route mais encore empêché l'entrée de la ville.

Le lendemain, sur la menace d'un bombardement général, Dijon capitula. C'est son maire, M. Dubois, citoyen d'une fermeté rare et d'un patriotisme éprouvé, qui fut chargé de porter la capitulation au camp du général ennemi.

Les conditions en furent très honorables, mais, comme toujours, les Allemands nous montrèrent le peu de respect qu'ils ont pour la chose signée et les modifièrent bientôt.

Le combat du 30 Octobre n'avait porté aucun dommage au château de Pouilly ; mais, au mois de décembre, après la retraite précipitée des Badois, l'armée française, qui entrait à Dijon, imagina d'en faire un point stratégique.

Ce château, qui est situé a deux kilomètres environ au nord de Dijon, pouvait devenir une excellente position. Un poste de grand-garde y fut établi, les murs d'enceinte furent crénelés, on y fit des redoutes et l'on y creusa des fossés.

On déploya beaucoup d'activité pour le fortifier, et une batterie, qui pouvait croiser ses feux avec l'artillerie de Talant et de Fontaine, fut placée près de lui.

Le génénal Garibaldi, qui commandait à Dijon avec le général Pélissier, prit, avec ce dernier, possession de l'hôtel de la Préfecture et tout le mois fut employé à la mise en défense de la place.

Le 21 janvier 1871, les Prussiens résolurent de prendre Dijon, ou, comme on l'a prétendu, simulèrent une attaque sérieuse pour masquer le passage d'un nombreux corps d'armée chargé de couper le général Bourbaki, qui opérait dans l'Est, et empêcher le général Garibaldi de porter secours à ce dernier.

Dans cette journée, les Prussiens, qui venaient par Plombières, furent repoussés par les soldats du général Garibaldi avec un entrain admirable ; ils avaient à leur tête le brave et intrépide Bossack, commandant la première brigade Garibaldienne, brillant officier Polonais qui avait mis son épée au service de la France et de la République, et qui fut tué de deux coups de feu en s'avançant témérairement et presque seul au devant de l'ennemi.

Pauvre Bossack, il était venu, lui, le proscrit qui n'avait pu mourir pour sa patrie livrée et abandonnée à la Russie, chercher dans nos rangs et pour la liberté le trépas glorieux qu'il avait rêvé.

Le 22, l'attaque recommença sous Darois ; dans cette autre journée fut mortellement frappé un jeune héros, le vaillant colonel Lhoste ; cette perte nous faisait payer cher une deuxième victoire.

Pendant toute la journée du 22 janvier, le général Garibaldi, assis dans sa calèche découverte avec un officier de son état major, ayant son fils Riciotti près de lui, se tint constamment devant les batteries établies à Talant et livra aux Prussiens un véritable combat d'artillerie.

Il était là, calme, ferme, ayant l'œil à tout.

Nous nous rappelons nous être engagés dans un chemin creux, suivi de deux braves cœurs, les sieurs Lerat et Massenot, tous deux anciens militaires et agents de police à Dijon et qui, ce jour là, préférèrent prendre un fusil et surveiller les Prussiens que de constater des contraventions municipales.

Le général Garibaldi, qui nous vit, nous dépêcha son fils Riciotti pour nous avertir du danger auquel nous allions nous exposer et nous faire rebrousser chemin.

Nous fîmes remercier le général de sa sollicitude et assurâmes à son fils qu'étant du pays nous saurions nous avancer presque sans péril au milieu des obus et aller reconnaître la force et la position de l'ennemi.

Le général Garibaldi tint jusqu'au soir et ne rentra à la Préfecture qu'après s'être assuré de la retraite de l'ennemi.

Le 23 janvier, après deux attaques successives sur différents points et qui vinrent encore échouer devant la bravoure et l'intrépidité des soldats des généraux Garibaldi et Pélissier, les Prussiens débouchèrent tout-à-coup par la plaine de Pouilly et ouvrirent sur les grands-gardes un feu des plus meurtrier.

Comme d'habitude, ils étaient trois fois supérieurs en nombre aux mobilisés qui allaient se mesurer avec eux.

Le château de Pouilly était occupé par quelques compagnies de mobilisés de Saône-et-Loire, qui, lorsqu'ils furent attaqués, firent d'abord une vigoureuse résistance puis

iblirent et se débandèrent bientôt devant les masses pro-
ondes qui se ruaient sur eux.

A 2 heures, le château abandonné était envahi par les
'russiens.

Les Teutons avançaient toujours, leurs innombrables ba-
aillons couvraient l'immense plaine de Pouilly se dissimu-
ant dans un brouillard épais.

Les mobilisés, pris d'une terreur panique, s'enfuirent vers
a ville, abandonnant leurs armes et jetant partout l'alarme.

De courageux citoyens et de braves officiers les rallièrent
:t les ramenèrent au combat. Peu après on vit s'élancer,
u pas de course, la brigade Menotti Garibaldi vers le point
nenacé.

Les Prussiens furent repoussés à la bayonnette et dé-
imés plus loin par la batterie de Fontaine qui ne cessa de
eur faire essuyer son feu meurtrier et foudroyant.

Des bataillons entiers furent écrasés, et c'est sous un mon-
:eau de morts que l'on trouva le drapeau du 61e Régiment
Prussien presqu'entièrement annéanti.

Les mobilisés qui s'étaient d'abord enfuis et avaient aban-
lonné le château de Pouilly y rentrèrent après en avoir chassé
'ennemi la bayonnette dans le dos.

Dans cette troisième journée la victoire restait encore aux
Français.

Contre leur coutume, les Prussiens avaient fui abandonnant leurs blessés et leurs morts.

Les mobilisés retrouvèrent le château de Pouilly, leur
poste du matin, saccagé et en feu, les carreaux étaient bri-
sés, les murs écorchés d'éraillures de balles, les chambres

dévastées ; deux heures avaient suffi aux Prussiens pour faire une ruine de cette charmante propriété.

Sur les marches de l'escalier, conduisant aux appartements du château, ils trouvèrent le corps d'un homme nu et qui brûlait vivant.

Ici, nous plaçons le procès-verbal officiel qui raconte cet évènement dans toute son horreur.

VILLE DE DIJON.

COMMISSARIAT DE POLICE.

AFFAIRE :

UN HOMME BRULÈ VIF.

L'an mil huit cent soixante-onze, le 26 janvier,

Nous, Charles Perchet, commissaire de police de la ville de Dijon,

Vu la réquisition de M. Dubois, maire de cette ville, en date de ce jour, d'avoir à nous transporter au château de Pouilly, distant d'environ deux kilomètres de la porte St-Nicolas, afin d'y faire une enquête sur un fait de sauvagerie inouïe, qui s'y serait accompli par les Prussiens, dans la journée du 23 janvier.

Nous nous sommes rendu au château accompagné du sous-brigadier Nicolin.

Là, nous avons trouvé le sieur Cornice (Nicolas), fermier

le M. Roydet, pris en otage et emmené en Allemagne par les oldats Badois, lequel nous a fait la déclaration suivante :

« Le lundi 23 janvier, dans la journée, un détachement le l'armée Française battait en retraite sur la ferme du châeau qu'il défendit quelque temps.

« Se sentant près d'être cerné par l'ennemi, il se replia, aissant dans la cour quelques blessés.

« J'en transportai un, qui me sembla être un artilleur, lans la salle du rez-de-chaussée du château. Je l'assis sur ıne chaise et j'en allai reprendre un autre que je portai dans a cuisine.

« Je me préparais à le panser et j'avais mis mon fusil, à côté de moi, sur une table.

« A ce moment entrèrent uue vingtaine de Prussiens avec un officier en tête par une brèche faite dans le mur de clôture.

« Ils se répandirent dans la cour et firent feu sur toutes les fenêtres du château et de la ferme.

« Ils tirèrent dans la cuisine sur moi et sur le blessé que je soignais.

« Les balles ne nous atteignirent pas d'abord, mais un peu plus tard une balle venait me traverser un molet.

« L'officier, qui m'avait aperçu, allait se précipiter dans la cuisine sabre au poing, quand je saisis mon fusil, l'ajustai et l'abattis.

« Je m'enfuis par une porte qui communique de la cuisine dans une chambre à four, de la chambre à four je passai dans une cour et finalement je me réfugiai derrière un mur du jardin.

« De là, je tirai plusieurs coups de feu sur l'ennemi qui avait envahi le château et qui commençait son œuvre de dévastation.

« Je réussis à m'échapper et ne rentrai au château que deux heures après avec des Français qui venaient de reprendre triomphalement la position.

« J'allais pour rentrer dans la salle basse où j'avais laissé le premier blessé, mais en rentrant sous le vestibule je m'arrêtai, saisi d'horreur, en voyant, sur le grand escalier de pierre qui monte aux appartements du château, un cadavre horriblement brûlé et dont les chairs fumaient encore sous l'action de quelques charbons restant d'un brasier allumé sur lui.

« Le cadavre était entièrement dénudé, les vêtements avaient été consumés.

« Un lambeau de corset rouge adhérait encore sur une épaule.

» Un seul pied était encore vêtu d'une chaussette et d'une bottine, il ne restait après l'autre pied qu'une guenille fumante.

» Le corps était placé ainsi :

» Les pieds posés sur la troisième marche et la tête reposant sur la dixième.

» Il était couché sur le côté, les reins appuyés au mur et collés contre la plinthe embrasée de l'escalier.

» J'entendais le grésillement de la chair.

» Les bras étaient croisés au-dessus de la poitrine et à la hauteur du cou.

» Ils semblaient avoir été attachés. Je m'en assurai et je

vis en effet la meurtrissure des chairs faite par la corde et restée épargnée par le feu qui, consumant la corde, l'avait détaché.

» Je cherchai à me rendre compte si ce cadavre calciné était venu rôtir là par l'effet du hasard, ou si c'était le résultat inouï de barbarie, de sauvagerie.

» Je savais que sous la cage de l'escalier il était resté de la paille sur laquelle des mobiles s'étaient reposés.

» Cette paille était consumée. Sous le corps fumant je retrouvais des débris de paille et sous la partie du corps appuyée sur les marches de l'escalier il y en avait une certaine quantité préservée des flammes.

» J'avais remarqué le matin des fagots préparés pour servir à la cuisson des aliments de nos soldats. Ces fagots avaient disparus, mais j'en retrouvais les restes en feu autour du malheureux qu'ils avaient dû consumer.

» Dans mon esprit, l'homme qui a servi a un aussi atroce auto-dafé, devait avoir été pris soit dans la salle basse ou dans la cuisine.

» C'était à coup sûr un des deux blessés que j'avais vus, car je ne retrouvai ni l'un, ni l'autre.

» Quoi qu'il en soit, la victime à dû être prise et entraînée sur l'escalier, sur lequel on avait jeté de la paille ; des fagots ont été placés sur lui et le feu mis au tout pour brûler le château.

» L'incendie du bâtiment fut empêché par l'air qui, soufflant des fenêtres du 1er étage, refoulait les flammes par la porte d'entrée du rez-de-chaussée.

» Je dois dire qu'une forte odeur de pétrole se répandait encore dans l'air quand j'arrivai.

» Je n'affirmerais pas que le corps en fut imprégné, mais tout me le fait supposer.

» Quand à reconnaître l'identité de l'homme ainsi sacrifié, cela m'est de toute impossibilité, les deux blessés ayant disparu et rien ne restant sur le cadavre brûlé qui put aider mes souvenirs.

» Du reste, j'étais sous le poids d'une émotion trop vive, trop poignante pour m'en rendre un compte exact.

» Seulement je me rappelle que le malheureux artilleur venu le premier avait toute sa barbe, qui était blonde, et de longs cheveux.

» Je remarquai que la tête du sacrifié, presque entièrement épargnée par le feu, avait encore sa barbe roussie jusqu'à la peau et de longs cheveux restés intacts.

» Cet horrible spectacle m'avait tellement bouleversé, avait jeté une telle épouvante dans mon cœur, que j'oubliai, pendant quelque temps, que j'avais enfermé ma malheureuse femme dans une cave à l'arrivée des Prussiens.

» Aussitôt ma mémoire revenue, j'y courrus et je la revis avec un indicible bonheur.

» Les barbares n'avaient eu, ni le temps de fouiller les caves, ni de la découvrir.

» Je la sortis de là, mourante et presque folle de terreur. »

Lecture faite y a persisté et a signé.

CORNICE NICOLAS.

CH. PERCHET.

Après cette déclaration, laquelle nous fut faite sur les lieux mêmes et en suivant toutes les traces du drame horrible que nous racontait, d'une voix émue, celui qui en avait été le témoin occulaire, tout enquête ultérieure devenait inutile et nous sommes rentrés à Dijon où nous avons trouvé, sur notre bureau, la déclaration suivante du sieur Verguet (Claude), caporal à la 1re compagnie, 1er bataillon, 3e légion (Saône-et-Loire) Charolles, lequel a dit :

« J'ai vu un corps brûlant dans les escaliers du château de Pouilly, la tête était tournée vers la rampe, les deux bras croisés comme s'ils avaient été attachés.

« Les habillements étaient brûlés, et les chairs, mises à nu, brûlaient comme s'il y avait eu quelque chose d'inflammable répandu sur le corps.

« J'avais été fait prisonnier une heure ou une heure 1/2 avant que les Prussiens n'évacuassent le château.

« Ce n'est qu'à sa reprise par les nôtres, que je pus parvenir à me sauver et à rejoindre mes camarades.

« C'est à ce moment que je vis le corps.

« J'atteste en outre avoir vu des Prussiens, jeter, par les fenêtres du château, deux blessés qui je crois étaient de vieux garçons mobilisés.

« Ils les ont précipité dans l'espace quand ils se sont vu forcés d'évacuer. »

Verguet Claude,
caporal.

Nous, Ch. Perchet, commissaire de police de la ville de Dijon,

Sur la réquisition de M. le Maire en date de ce jour,

Nous nous sommes également rendu à l'école de médecine pour y faire photographier, par le sieur Guipet, le corps de la victime du château de Pouilly qui y avait été déposé.

Une épreuve, qui nous a été remise par l'opérateur, est jointe au présent procès-verbal, que nous avons adressé en double expédition, à M. le Maire de la ville et à M. le Procureur de la République, qui y donneront toute suite qu'il appartiendra.

Le Commissaire de police,
CH. PERCHET.

Voilà le drame horrible accompli par les soldats de l'armée allemande, dans son effrayante réalité.

Un nouveau témoignage vient encore apporter son appui à l'exactitude des faits, c'est une lettre publiée par le *Petit Journal de la Côte-d'Or*, dans son numéro du 27 janvier.

Cette lettre, la voici :

Dijon, 26 janvier 1871.

Monsieur le Rédacteur,

» Relativement à l'incident que vous rapportez dans le
» numéro de ce matin, je puis vous affirmer que le franc-
» tireur brûlé vif au clos de Pouilly, ne l'a pas été dans l'in-
» cendie du château, mais j'ai *constaté moi-même* que ces
» misérables Prussiens avaient à l'avance, avec la plus

» sauvage préméditation, préparé un bûcher sur lequel ils
» l'ont étendu et attaché.

« Voilà la pure et effrayante vérité dans toute son hor-
» reur. »

» Agréez, etc. »

Plautin,
Lieutenant attaché à l'état-major général.

Le numéro du journal dont il est fait allusion dans cette lettre, étant tombé plus tard entre les mains de l'autorité allemande, le rédacteur de l'article, qui flagellait la conduite infâme des brûleurs d'hommes fut sommé, sous les plus terribles menaces, d'écrire une rétractation ; il dut faire afficher, sur tous les murs de la ville, que le fait dénoncé par lui était de pure imagination, mais nous, dans notre conscience indignée et devant les nombreux témoignages que nous avons recueillis, nous tenons le fait pour vrai et authentique et nous le vouons à la réprobation des peuples civilisés.

Nous avons vu du reste bien d'autres atrocités et nous reproduirons encore un article du même journal, inséré dans son même numéro du 27 janvier.

Le voici :

Le Commissaire central.

Nous apprenons que M. Perchet, se rappelant son récent et patriotique passé de capitaine de Francs-Tireurs, a demandé la permission de la journée, lundi, pour se rendre sur le champ de bataille accompagné de deux de ses agents, MM. Lerat et Massenot.

Il est allé jusque sous Darois au moment du feu, et il a assisté — malheureusement sans pouvoir l'empêcher — à la fusillade, par les Prussiens, de Mobiles faits prisonniers la veille ou le matin même.

C'est toujours le même système d'horreurs employé par les Barbares !

Il a constaté aussi, avec la plus vive indignation, que les cadavres de nos soldats avaient été dévalisés par l'ennemi pendant la nuit, leurs poches retournées, leurs jambes déchaussées, et, qui plus est, leurs fusils plantés et tordus, de sang-froid, par ces misérables, sur les corps sanglants de nos morts.

C'était horrible et navrant.

Nous félicitons bien sincèrement M. le Commissaire central de la conduite qu'il a tenue au milieu même de l'action, et s'être souvenu dans cette circonstance que, peu de jours auparavant, il avait commandé en personne un corps de Francs-Tireurs de la Côte-d'Or, qui certes, sous ses ordres, n'ont jamais commis ces atrocités envers les Allemands qu'ils combattaient.

Oui, voilà la vérité.

Oui, les Allemands ont commis tous ces faits et nous nous dirons, avec le *Petit Journal de la Côte-d'Or,* qu'ils se sont conduits, personne ne l'ignore, non comme des hommes élevés à l'école des lois de la guerre, mais comme des monstres à face humaine, évoqués dans les plus sanglantes ténèbres du moyen-âge ; au point que, si nous étions encore aujourd'hui aux temps mythologiques, le Soleil lui-même aurait reculé d'horreur en éclairant leurs scènes de carnages individuels, ainsi qu'il voila ses rayons à la vue du repas des Atrides.

Ils ont dépassé, en tueries inutiles, en massacres immérités, ce que les exploits du « Fléau de Dieu » nous ont fait connaître de plus ignoble et de plus atroce.

Rien n'a manqué au tableau : vol, pillage, incendie, viol, boucherie, auto-dafé de corps vivants, rapines et meurtres de toutes sortes, voilà le programme complet qu'ils ont exécuté dans son épouvantable horreur.

Aussi nous répéterons en terminant à la génération nouvelle : Souvenez-vous ! Souvenez-vous !

Voici une dernière lettre qui nous a été adressée par la Mairie de Dijon.

MAIRIE DE DIJON (COTE-D'OR).

Dijon, le 18 mars 1871.

A Monsieur Perchet, Commissaire de police en chef, à Dijon.

Monsieur,

J'ai autorisé M. le Procureur de la République près le tribunal civil de Dijon à faire exhumer, lundi prochain, 20 mars courant, à huit heures du matin, au cimetière de cette ville, les restes mortels de l'officier français brûlé par des soldats Prussiens, au château de Pouilly, vers la fin de janvier dernier.

Je vous invite, Monsieur, à vous rendre aux lieu, jour et heure sus-indiqués, pour être présent à l'exhumation dont il s'agit.

Recevez, etc.,

Pour le Maire :
L'Adjoint,
AUG. BRULLÉ.

L'exhumation eut lieu et le cadavre, qui avait été antérieurement reconnu, fut remis à sa famille.

CH. PERCHET.

Dijon. — Typ. G. Demeurat, rue Bossuet, 15.

www.ingramcontent.com/pod-product-compliance
Lightning Source LLC
LaVergne TN
LVHW010255230826
846091LV00007B/2980

* 9 7 8 2 0 1 1 7 6 7 5 9 2 *